गुलमोहर व अन्य कविताएं

डॉ. दीपिका शर्मा

ISBN 979-8-89067-933-8

अनुक्रम

आशाएं

आह्वान

सुबह-शाम

प्रस्तावना

प्रकृति जो कि शाश्वत है, सजीव है, हमेशा से ही प्रेरणादायिनी रही है। चाहे फूल-पत्ते हों या पंछी, चिड़िया सभी कुछ कहते हैं और उसी विराट का हिस्सा हैं...........

हमारे पर्व, त्योहार भी बहुत कुछ सिखा जाते हैं।

आते-जाते मौसम प्रेरित करते हैं कुछ लिखने को और कविता लेखनी के माध्यम से कागज पर उतर आती है।

किसी-किसी सामयिक घटना से भी हृदय उद्वेलित हो उठता है।

प्रस्तुत काव्य संकलन 'गुलमोहर व अन्य कविताएं' प्रकृति से प्रेरित मेरे हृदय के उद्गार हैं।

उम्मीद है पाठकों को मेरी ये किताब पसंद आएगी।

लेखक परिचय

डॉ. दीपिका शर्मा एक डॉक्टर होने के साथ ही साहित्य में भी रूचि रखती हैं। उन्होंने कई किताबें लिखी हैं। जिनमें उनके द्वारा लिखी 'कंपलीट बुक ऑफ़ योगा' (लोटस प.), जिसे उन्होंने को ऑथर के तौर पर लिखा योगा की सर्वश्रेष्ठ पुस्तकों में से एक है।

डॉ. दीपिका शर्मा ने कई वर्षों तक प्रतिष्ठित पत्र, पत्रिकाओं जैसे गृहलक्ष्मी, वुमेन ऑन टाप, अपराजिता आदि में मासिक हैल्थ कालम व लेख लिखे। उन्हें 'कोरोना वारियर अवार्ड' व 'चिकित्सा सेवा रत्न' पुरस्कार से भी सम्मानित किया जा चुका है।

समय-समय पर उनकी कहानियाँ व कविताएं विभिन्न पत्र-पत्रिकाओं में प्रकाशित होती रही हैं। प्रस्तुत पुस्तक 'गुलमोहर व अन्य कविताएं' उनके द्वारा लिखी कविताओं का संकलन है।

तस्मै श्री गुरूवे नमः

प्रस्तुत पुस्तक 'गुलमोहर व अन्य कविताएं' मेरा प्रथम काव्य संकलन है। इसके प्रकाशन के अवसर पर मैं सर्वप्रथम अपने माता-पिता श्रीमती राजेश शर्मा, एडवोकेट एवं श्री जंग बहादुर शर्मा, एडवोकेट जी का हृदय से आभार व्यक्त करती हूँ, जिन्होंने अच्छी शिक्षा दी, अच्छे संस्कार दिए एवं सदा मार्गदर्शन किया। ईश्वर उनका आर्शीवाद सदैव बनाए रखे।

मेरे पति डॉ. मीतेश शर्मा, जो एक प्रतिष्ठित हृदय रोग विशेषज्ञ हैं, उनके प्रोत्साहन से ही ये पुस्तक मूर्तरूप में साकार हुई है। उनका तहे दिल से शुक्रिया!

मेरे बड़े भाई डॉ. राजीव शर्मा (जो एक प्रतिष्ठित लेखक भी हैं) ने सदैव मुझे लिखने के लिए प्रेरित किया, उनका आभार।

मेरी बहन, श्रीमती राधिका अग्रवाल, एडवोकेट व छोटे भाई श्री संजीव शेखर शर्मा, एडवोकेट का भी धन्यवाद, जिन्होंने मेरे लेखन को हमेशा सराहा।

मेरी दोनो बेटियाँ डॉ. ऐश्वर्या शर्मा व डॉ. अदिति शर्मा जो स्वयं भी साहित्य में रूचि रखती हैं, उनको स्नेहपूर्ण आशीष व आभार। उन दोनों ने इस काव्य संकलन को पूर्ण करने की प्रेरणा दी और इसकी प्रस्तुति में रचनात्मक सहयोग दिया।

इस मौके पर मैं अपने सभी परिवारजनों, मित्रों व शुभचिंतकों को भी धन्यवाद कहना चाहती हूँ।

नोशन प्रैस, चेन्नई ने ये पुस्तक इतने सुंदर ढंग से प्रकाशित की, इसके लिए नोशन प्रैस का धन्यवाद।

माँ

माँ,

इक श्रृद्धा,

इक विश्वास,

ज्यौं फुलवारी की मधुर सुवास!

माँ,

इक सीप,

हम सीप के मोती,

मन मंदिर की दिव्य ज्योति!

माँ,

......पूजा सी,

रामायण की चैपाई,

इक माँ ही सबको धरा पर लाई!

माँ,

चाँद

या ध्रुवतारा,

माँ से बढ़कर न कोई प्यारा!

माँ,

माँ की लोरी,

माँ की रसोई,

इन से भला न जग में कोई!!

आशाएं

आशाएं

जिस क्षण मासूम मोर,

चिड़ियों की चहचहाहट से,

हठात खोल देती है अपनी अलसाई आंखें,

और आंगन के कोने में,

तुलसी के बिरवे के पास,

छेड़ देती है तानपूरे पर भैरवी की सरगम!

उस क्षण धरा पर आशाएं खिलखिलाती हैं!!

जिस क्षण भरी दुपहरी,

झूमती है कोयल की कूक से,

बौराई घूमती है अमराई में,

और कोई प्यासा पथिक,

कुंए के शीतल जल से प्यास बुझा,

आ बैठता है अमराई की छांह में,

उस क्षण धरा पर आशाएं खिलखिलाती हैं!!

जिस क्षण सलोनी संध्या,

मुस्काती है छुई मुई सी,

ठिठक जाती है गांव की पगडंडी पर,

और कोई कान्हा,

गोधूलि की उस बेला में,

छेड़ देता है कोई प्रीतभरी मीठी धुन,

उस क्षण धरा पर आशाएं खिलखिलाती हैं!

जिस क्षण नटखट रजनी,

ओढ़ के सितारों भरा आंचल,

लेके जुगनुओं की टोली,

और पुरवैया की मस्ती में,

भोले, मासूम किसानों की बस्ती में,

छेड़ देती है राग यमन!

उस क्षण धरा पर आशाएं खिलखिलाती हैं!!

सपने

सपने,

नाज़ुक, गुलाबी, रंगीन सपने,

पूर्णिमा की चाँदनी से,

हसीन सपने!

सपने,

भोले, मासूम, बचपन के सपने,

तरंगित, उत्साहित,

यौवन के सपने,

सपने,

बगुले के पंखों से,

उजले, शुभ्र सपने,

दोपहर की धूप से सुनहरे सपने,

सपने,

सुरमई सांझ के सलौने सपने,

रजनी के आंचल में,

तारों से सपने!

सपने!!

आह्वान

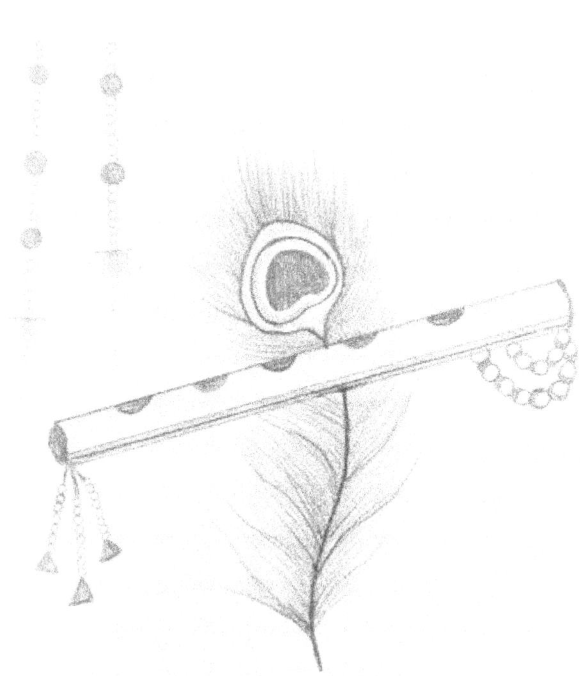

जागो री माँ, जागो री!!

देवासुर संग्राम छिड़ रहा,

पांचजन्य उद्घोष कर रहा,

महिषासुर का मर्दन करने,

आओ माँ, करके सिंह सवारी!

जागो री माँ, जागो री!!

मानवता कर रही पुकार,

चहुँ और मचा है हाहाकार,

कोरोनासुर का मर्दन करने,

आओ माँ करके सिंह सवारी!

जागो री माँ जागो री!!

चल रहा महासंग्राम,

दुनिया कर रही त्राहिमाम,

रक्तबीज का मर्दन करने,

आओ माँ, करके सिंह सवारी!

जागो री माँ, जागो री!!

कान्हा तुम्हे फिर आना होगा

कान्हा तुम्हें फिर आना होगा,

अपना सुदर्शन उठाना होगा!

पीड़ित मानवता कराह रही,

विष्णु विष्णु पुकार रही,

मानवता का त्रास मिटाने को,

अपना सुदर्शन उठाना होगा!

कान्हा तुम्हे फिर आना होगा!

गोपी, ग्वाले सब विकल हुए,

दूषित वायु, जल, थल हुए,

गंगा, जमुना, को बचाने को,

अपना सुदर्शन उठाना होगा!

कान्हा तुम्हें फिर आना होगा!

अर्जुन का साहस डोल रहा,

दुर्योधन का डंका बोल रहा,

निर्भया की लाज बचाने को,

अपना सुदर्शन उठाना होगा!

कान्हा तुम्हें फिर आना होगा!

कान्हा तुम्हें फिर आना होगा!

सुबह-शाम

धूप (सर्द सुबह की)

सर्द सुबह की,

सुहानी धूप,

उग रही है इठलाती सी!

सर्द सुबह की,

गुनगुनी धूप,

किरन, किरन गुनगुनाती सी!

सर्द सुबह की,

सुनहरी धूप,

चप्पा, चप्पा चमचमाती सी!

सर्द सुबह की,

नाजुक धूप,

हंस के पांव उठाती सी!

सर्द सुबह की,

रूपवती धूप,

धीमे-धीमे मुस्कुराती सी!

सर्द सुबह की

नवोढ़ा धूप,

सूरज का प्यार लुटाती सी!!

संध्या सुंदरी

दिन और रात के मिलन को देख,

मुस्कुरा रही है संध्या सुंदरी!

धीरे- धीरे आसमान से,

उतर रही है संध्या सुंदरी!

सिंदूरी जोड़े में लिपटी,

भरमा रही है संध्या सुंदरी!

सांझ के तारे को छेड़ती,

इठला रहा है संध्या सुंदरी!

फूलों को चूमती, चिड़ियों से खेलती,

खुशियाँ बाँट रही है सध्या सुंदरी!

मंदिर में पंटी की रूनझुन,

आरती गा रही है संध्या सुंदरी!

आशादीप जला रही है संध्या सुंदरी!!

ऋतुएं

फागुन

कण-कण में नव चेतना है,

कली-कली मुस्काई है!

ये किस प्रिय के आगमन से,

वसुंधरा इतराई है!

बयार फागुनी हो चली,

अमराई बौराई है!

दिवस बसंती हो चले,

कोकिला फिर गाई है!

ये किस प्रिय के आगमन से,

वसुन्धरा इतराई है!

क्यारी क्यारी फूल खिल गए,

सरसों खेतों में लहराई है!

पिचकारी की तैयारी है,

टेसू ने धरा सजायी है!

ये किस प्रिय के आगमन से

वसुंधरा इतराई है!!

बसंत

ये कैसा समां बंधने लगा है,

बर्फ का दिल भी पिघलने लगा है!

उमंग भरी मस्ती फूलों पे छाई,

पवन ने मधुर बांसुरी बजाई!

गुलाबों ने भर दिए वन-उपवन,

चमकने लगा है नील गगन!

ऋतुराज का संदेसा आया,

धरती ने नवरूप सजाया!

कोयल के छेड़ा पंचम राग,

दिलों में जाग उठे अनुराग!!

प्रकृति ने ली फिर अंगड़ाई,

सीत चला अब बसंत ऋतु आई!!

फिर हुलस के बसंत आया

डाली डाली फूल खिल रहे,

पत्ता पत्ता नया हो गया,

सूखी दूब भी हरी हो रही,

देख देख कर मन हर्षाया!

फिर हुलस के बसंत आया!!

देखो ऋतुराज की सेना निकली,

खेत, वन, उपवन, गली, गली,

भंवरों का गुंजन, चिड़ियों का कूजन,

कोयलिया ने शोर मचाया।

फिर हुलस के बसंत आया!!

आम के वृक्ष बौर से सज रहे,

पलाश के पेड़ पर टेसू सज रहे,

धूप सुनहरी, दिन चमकीले,

सरसों ने पीला परचम लहराया!

फिर हुलस के बसंत आया!!

सुरभित, फागुनी, बयार बौराई

आशा की कली हरदिल मुस्काई,

राधा मतवाली का मन मोहने,

मनमोहना ने जाल बिछाया!

फिर हुलस के बसंत आया!!

बरखा रानी

बरखा रानी जिया-भरमाए।

रिमझिम, रुमझुम की तान पर,

मनमयूरा थिरका जाए,

बरखा रानी जिया भरमाए।

सांवली, सलोनी, मोहनी, मतवाली,

काली बदरिया सी जुल्फें लहराए,

बरखा रानी जिया- भरमाए।

बिजली से चमकते गहने पहने,

सखी पुरवैया उड़ती जाए,

बरखा रानी जिया भरमाए।

नीली गगरी से अमृत छलकाती,

प्यासी धरती की प्यास बुझाए,

बरखा रानी जिया भरमाए।

बंटी, बबली, बिट्टू, गोपी,

कूद - कूद कर खूब नहाए।

बरखा रानी जिया भरमाए।

नवाब का महल हो, या रामू की कुटिया,
सब पर खुशियों की सौगात लुटाए,
ऋतुओं की रानी जिया भरमाए।
बरखा रानी जिया भरमाए!!

पर्व

होली के गीत

1.

रंग गुलाल सजे हैं थाल,

गुझिया चाट, मिठाई,

लेके मस्ती मौसम की,

मस्तानी होली आई!

मौसम के राग, गा रहे हैं फाग,

कान्हा ने बंसी बजाई,

लेके मस्ती मौसम की,

मस्तानी होली आई!

रंग, गुलाल, चले हैं ग्वाल,

गोपियों ने पिचकारी उठाई,

ले के मस्ती मौसम की,

मस्तानी होली आई!

2.

दिन होली के आ गए

भोर वासंती उजास भर रही,

सांझ के राग फागुनी भए,

गेंदा खिले, गुलाब खिल रहे,

डहेलिया ध्वजा फहरा गए,

मनभावन दिन आ गए!

होली के दिन आ गए!!

टेसू के जंगल लाल हो रहे,

अमिया के बाग बौरा गए,

शम्भू की ठंडाई घुटने लगी,

गुलाल गाल सजा गए,

गुझिया के दिन आ गए!

होली के दिन आ गए!!

लौ दिए की जगमगाती रहे

लौ दिए की जगमगाती रहे,

उम्मीदों के स्वप्न सजाती रहे!

ये जो धवल, श्वेत है, रूई की बाती,

कहीं सुदूर किसी किसान की पाती,

काश उसके कर्जे उतरते रहें,

उसकी बिटिया भी रंगोली सजाती रहे!

लौ दिए की जगमगाती रहे!!

ये जो कीमती परिधान हम सब हैं पहनें,

कारीगरों ने बहाए थे खून पसीने,

कारखानों तक रौशनी आती रहे,

धानी चुनर माथा सजाती रहे!

लौ दिए की जगमगाती रहे!!

ये जो मिट्टी के दिए कतार में रखे हैं,

चाक पर की थी मेहनत, तब यूँ सजे हैं,

कुम्हार, मूर्तिकार भी दीवाली मनाती रहें,

अन्नपूर्णा की रसोई भरमाती रहे!

लौ दिए की जगमगाती रहे!!

ये जो असली वैभव है, असली धन है,

निरोगी काया और सरल, सुंदर मन है,
माँ लक्ष्मी कृपा बरसाती रहे,
दुनिया आमोद मनाती रहे!
लौ दिए की जगमगाती रहे!!

पंछी

कोकिला

कोकिला सुनाओ मधुर सा गान!

छेड़ो कोई राग, कोई मीठी तान!!

धूप सुनहरी, चमकीली हो रही,

बगिया के फूल मुस्कुराने लगे,

सुनकर तुम्हारी सुरीली तान!

कोकिला सुनाओ मधुर सा गान!!

बागों में आम रसीले हो रहे,

फसलें खेतों में लहलहाने लगीं,

सुनकर तुम्हारी पंचम तान!

कोकिला सुनाओ मधुर सा गान!!

ओ सुरों की सलोनी साम्राज्ञी,

श्यामा सुंदरी, पाखियों की रानी,

कहां से सीखे सुर तुमने, कहाँ सीखी जादुई तान!

कोकिला सुनाओ मधुर सा गान!

छेड़ो कोई राग, कोई मीठी तान!!

बुलबुल

सिपाही बुलबुल टोपी वाली,

कोई भूरी, कोई लाल काली,

उड़ती, फिरती लहराती, बलखाती,

हेमपुष्प बड़े चाव से खाती,

पत्तों में फिर फिर छुप जाती!

बोले बोलियाँ तरह तरह की,

बतियाती, कभी गीत सुनाती,

अलबेली, अनोखी जग को रिझाती!

है तो पंछी, पर बड़ी होशियार,

इंसा को भी दोस्त बनाती,

फल, बीज, दाने सब चुग जाती!

सिपाही बुलबुल टोपी वाली,

कोई भूरी, कोई लाल काली!!

गौरैया

गौरैया क्या अब नहीं आओगी!

सोनचिरैया क्या शहर छोड़ जाओगी!!

भोर करती तुम्हारा इंतजार,

पत्ते-पत्ते को है तुमसे प्यार,

बालसूर्य की तुमसे मुलाकात,

उजला गीत न चहचहाओगी,

गौरैया क्या अब नहीं आओगी!

सोनचिरैया क्या शहर छोड़ जाओगी!!

बचपन के तुमसे हैं गहरे नाते,

आंगन में चावल डालना स्कूल जाते जाते,

आंखें खुलते ही तुम्हारा चहकना फुदकना,

शहरी बचपन सुना कर जाओगी,

गौरैया क्या अब नहीं आओगी!

सोनचिरैया क्या शहर छोड़ जाओगी!!

माना शहरों के अंदाज बदल गए,

इंसान को नए खिलौने मिल गए,

पर तुम तो सदा की लक्ष्मी हो पाखी,

नानी-दादी की कहानियों से कैसे निकल पाओगी,

गौरैया क्या अब नहीं आओगी!

सोनचिरैया क्या शहर छोड़ जाओगी!!

तुम हो तो पवन अमृत है, निर्मल है,

तुम हो तो जीवन शुभ है, अविरल है,

काश की इंसान को समझ आ जाए,

दूषित वातावरण तुम न सह पाओगी,

गौरैया क्या अब नहीं आओगी!

सोनचिरैया क्या शहर छोड़ जाओगी!!

मोर

इक पंछी जो सबसे प्यारा,

सारे जग में सबसे न्यारा!

सर पर जिसके ताज है

पंछियों का वो सरताज है,

उसकी पूंछ पर सिक्के रूपहले,

पंख है उसके नीले सुनहले!

केहू - केहू की बोले बोली,

टेर लगाए अनोखी अलबेली,

घटा जो छाए पंख फैलाए,

मनमयूर सा थिरकता जाए!

वन उगवन की शोभा सुन्दर,

उसको देख कांपते विषधर,

माँ सरस्वती का वो दुलारा,

मोर मुकुट कान्हा को प्यारा!

जब सावन में बादल छाए,

देख-देख सब हिया हर्षाए,

कौन है वो अनोखा चितचोर,

वो है अलबेला, गर्वीला मोर!

पेड़, फूल और पत्ते

गुलमोहर

गुलमोहर तुम्हारे सुर्ख, सुनहरे,

सुंदर, सजीले अशर्फी से फूल!!

इन्हें देख भीषण गर्मी में,

राह की थकन गए राही भूल!

छतनार से पत्ते छितराए,

जेठ की दुपहरिया में खड़े हो इतराए

ग्रीष्म जब दिखलाता तेवर,

तुम बन जाते धरा के जेवर!

ज्यों ज्यों गर्मी का पारा चढ़ता,

त्यौं त्यौं फूलों से वृक्ष लदता!

सहनशील, बहादुर से बांके

समूची सृष्टि तुम्हें ही ताके!

पानी भरने जाती ललनाएँ,

शीतल छाँह में नयी जान सी पाएं

गुलमोहर तुम्हारे सुखे, सुनहरे,

सुंदर, सजीले अशर्फी से फूल!!

अशोक वृक्ष

हे हेमपुष्प, हे अशोक वृक्ष,

महिमा तुम्हारी अपरंपार!

ताम्रवर्णी, किसलय सुशोभित,

सुंदर, सुकोमल, सजग प्रहरी,

सघन अवगुंठन, झूमती लताएं,

उत्सवों में सजते बंदनवार!

हे हेमपुष्प, हे अशोक वृक्ष,

महिमा तुम्हारी अपरंपार!!

बुलबुलों ने चखे हैं फल तुम्हारे,

बोले शोख बोलियाँ हजार,

लहराती सी उड़ें, बलखाती उड़ें,

तुम ही पर बनाए, घोंसले हरबार!

हे हेमपुष्प, हे अशोक वृक्ष,

महिमा तुम्हारी अपरंपार!!

ओ स्त्रियों के रोगनाशक,

आरोग्यदाता, स्वास्थ्यवर्धक,

मां सीता रूकी थीं अशोक वाटिका,
रामायण में वर्णन अपार!
हे हेमपुष्प, हे अशोक वृक्ष,
महिमा तुम्हारी अपरंपार!!

अमलतास

पीले सुनहरे, फूलों से लदा,

सजा, सजीला अमलतास का पेड़!

धूप में नहाया,

तपिश को सहता,

तरुण तपस्वी अमलतास का पेड़!

पीले फुलगुच्छे,

हवा में झूमते,

मोती लुटाता अमलतास का पेड़!

न गर्मी से डरता,

न लू से घबराता,

कितना सहनशील अमलतास का पेड़!

फूलों के गुच्छे,

ज्यूं ही कानों में पहने,

हंसता, इठलाता अमलतास का पेड़!

फूल, पत्ते या हों बीज व फलियाँ,

सभी गुणकारी, रोगनाशक,

वैद्य पुराना अमलतास का पेड़!

पीले, सुनहरे, फूलों से लदा,

सजा, सजीला अमलतास का पेड़!!

चम्पा

कितना मोहक, अद्भुत, अनुपम,

सुंदर, सलोना, सजीला चम्पा!

ग्रीष्म ऋतु में फूलों से लद जाता,

वन, उपवन को खुशबू से महकाता,

दिव्य, शोभित, सुरभित चम्पा!

पत्ते भी इसके दिखते ऐसे,

सुंदर अवगुंठित पुष्प हो जैसे,

लचकाता, बलखाता, मदमाता चम्पा!

बुलबुल भी गाएं, बयाएं आएं,

फुलसुंघनी बलिहारी जाए,

चिड़ियों का प्यारा नीड़ चम्पा!

सफेद फूल पीताभ लिए,

राधा कृष्ण का आशीष लिए,

पर भंवरे से कतराता चंपा!

जोड़ों के दर्द में दवा बन जाता,

फूल-पत्ते सभी से बहलाता,

बगिया की शोभा बढ़ाता चंपा!
कितना मोहक, अद्भुत, अनुपम,
सुंदर, सलोना, सजीला चंपा!!

कमल

वारिज, जलज, नीरज,

कमल सुंदर नाम तुम्हारे!!

पंक में खिलते, मुस्काते,

सरोवर में तैरते, इठलाते,

सौरभ बिखेर रहे मतवारे!

वारिज, जलज, नीरज

कमल सुंदर नाम तुम्हारे!

पुष्प भी अनुपम, पत्र भी अद्भुत,

बीज बन जाते फिर मखाना,

गुण सर्व औषधि के सारे!

वारिज, जलज, नीरज,

कमल सुंदर नाम तुम्हारे!!

देवी, देवताओं के प्रिय,

गणेश, लक्ष्मी, सरस्वती के प्रिय,

भ्रमर दल नाच रहे सारे!

वारिज जलज, नीरज,

कमल सुंदर नाम तुम्हारे!!

पत्ते

हरे, हरे, कच्चे और गाढ़े,

पत्तों से दुनिया हरी हुई!

छोटे- छोटे, दूब से नाजुक,

केले के पत्ते बड़े - बड़े,

आम्र पल्लव सजे बंदनवार,

धरती पत्तों से सजी हुई!

पत्तों से दुनिया हरी हुई!!

पीपल के पत्ते नर्तन करते,

बड़ के पत्तों से दोने बनते,

नीम के पत्ते पूरे वैद्य,

धरा की वायु शुद्ध हुई!

पत्तों से दुनिया हरी हुई!!

मोरपंखी कैसी अनोखी,

अशोक पर्ण दिव्य तांबई,

मेंहदी ने रचा दी सुकोमल हथेली,

वसुधा इठलाती मुदित हुई!

पत्तों से दुनिया हरी हुई!!

गिलोय की बेल जीवन दायिनी,

घृतकुमारी रूप संवारिणी,

आंगन में तुलसी का चौरा,

लक्ष्मी की पूजा पूर्ण हुई!

पत्तों से दुनिया हरी हुई!!

करी पत्ते ने महका दी रसोई,

असम की पत्ती ने चाय पिलाई,

पत्तों से ही जीवन धरा पर,

पृथ्वी पत्तों से सजीव हुई!

पत्तों से दुनिया हरी हुई!!

सम सामयिक

चाक समय का चलता रहा

उम्मीदों के बो दिए बीज,

निराई हुई, गुड़ाई हुई,

समय पर खाद जरूरी था,

नन्हा बिरवा उगने लगा!

चाक मेहनत का चलने लगा!!

खून पसीने से सींचा खेत,

मवेशियों से रात भर रखाया गया,

दुनिया जब सोई थी बेखबर,

हरखू भैरवी गाने लगा!

चाक मेहनत का चलने लगा!!

ज्वारे खेतों में लहलहा उठे,

मेहनत के फल चहुँ और दिखे,

सोने सी फसल हुई है,

दिल रंगोली सजाने लगा!

चाक मेहनत का चलने लगा!!

अचानक आसमां का मिजाज बिगड़ा,

गंगा जमुना बहाने लगा,

सारी मेहनत पर पानी फिर गया,
धरती पुत्र कलपने लगा!
किसान आंसू बहाने लगा!!
चाक समय का चलता रहा............

इस बसंत

फरवरी, 2020 में हुए दिल्ली के दंगों से हृदय व्यथित हो उठा। उसी संदर्भ में ....

इस बसंत न करना कोई फूलों की बात!

चमन को कोई सुलगा गया है!

न गाएंगे भंवरे, न झूमेंगी कलियाँ,

फागुन पर सितम कोई बरसा गया है!!

जलते हुए मकान, वीरान गलियाँ,

ईंट पत्थर और टूटे हुए शीशे,

बिखरी हुई किताबें, घायल अस्पताल,

हवाओं में जहर कोई घोला गया है,

इस बसंत.............

थी रजिया की शादी, कहीं पूजा की सगाई,

सज रही थी मेहंदी, बन रही थी मिठाई,

सितमगर ने देखो, सितम कैसा ढाया,

मानवता को कोई झुलसा गया है!

इस बसंत.............

कहाँ हैं वो नेता, अभिनेता सभी,

करते थे वादे और स्वांग कई,

पूछो उनसे और जवाब मांगो,

बस्ती तुम्हारीं कोई उजाड़ गया है,

इस बसंत न करना कोई फूलों की बात!

चमन को कोई सुलगा गया है!

न गाएंगे भंवरे, न झूमेंगी कलियाँ,

फागुन पर सितम कोई बरसा गया है!!

वो पत्थर तोड़ने वाले

मार्च, 2020 में कोविड के कारण लॉकडाउन हुआ। उस दौरान मजदूरों के पलायन को देखकर दुखी मन से निकलीं ये पंक्तियाँ....................

वो जो चल रहे हैं निरन्तर, पांवों में लिए छाले,

वो मेरे देश के कामगार, वो पत्थर तोड़ने वाले!

इन्होंने ही रचे थे, ये खूबसूरत से शहर,

ये ऊँची अट्टालिकाएं, ये पुल, ये नहर,

चमचमाती सड़के, बाजार, बाग व उद्यान,

वो नींव के पत्थर, वो कंगूरे सजाने वाले!

विपदा आई, अनहोनी बड़ी भारी,

राजा भी हैरान, दुनिया ही हारी,

आसमान में उड़ने वालों की पहले बारी आई,

पटरी पर चलने वाली रेल देर से चल पाई,

तब तक निकल चुके थे, सदा जूझने वाले,

वो नींव के पत्थर, वो कंगूरे सजाने वाले!

साथ चल रहे हैं नन्हे नन्हे पाँव भी,

कुछ रास्ते में सो गए, कुछ पहुंचे गाँव भी,

रास्ता है लम्बा, कुछ भी नहीं सहारा,

सर पे जलता सूरज, सदा झेलने वाले,

वो नींव के पत्थर, वो कंगूरे सजाने वाले!

ओ बादल तेज चलो, तुम्हीं थोड़ी छाया देना,

ओ हवा जरा तेज बहो, थकन सबकी मिटा देना,

ओ दरख्तों दृढ़ता के प्रतीक, तुम उनको हौंसला देना,

जुझारू बहुत हैं, मेहनती भी, अपने से ज्यादा वज़न ढोने
वाले!

वो नींव के पत्थर, वो कंगूरे सजाने वाले!

वो मेरे देश के कामगार, वो पत्थर तोड़ने वाले!!

रौशनी का पैगाम

कर्नाटक में हुए 'हिजाब बैन' के विरोध में छात्राओं ने प्रदर्शन किए। उन्हें समझाने की कोशिश करती ये रचना
....

ये जो नया फरमान आया है,

तेरे लिए रौशनी का पैगाम लाया है!

मजहब के ठेकेदारों ने जो दीवारें खड़ी की,

उन्हीं को तूने नसीब मान लिया,

पर्दे में रखा कैद जिन सबने,

उन्हीं को तूने रहनुमा जान लिया,

तोड़ दे जंजीरें, आने दे उजाले,

तेरे लिए ये बसंत सौगात लाया है!

ये जो नया फरमान आया है,

तेरे लिए रौशनी का पैगाम लाया है!

तू थी सदा ही पाकीजा, मासूम,

तेरे लिए बनाए गए अलहदा कानून,

हिजाब की फिक्र छोड़, हिसाब सीख ले,

कुछ नए हुनर, नई किताब सीख ले,

पतंगों को नजर आसमान आया है!

ये जो नया फरमान आया है,

तेरे लिए रौशनी का पैगाम लाया है!

रस्मों रिवाजों से तुझको ही जकड़ा,

नसीहतें, हिदायतें दी तुझको पकड़ा,

रूह की ताकत से तू रही अनजान,

ओ सकीना, ओ नगीना न रह अब तू नादान,

हौसला रख, तेरे लिए फरिश्तों का सलाम आया है!

ये जो नया फरमान आया है,

तेरे लिए रौशनी का पैगाम लाया है!!

महाकाल गुस्साया है।

हाल ही में मणिपुर में हुए दंगों के दौरान जो अमानवीय घटनाऐं हुईं, उनसे हृदय विचलित हो उठा ....

'चन्द्रयान' भेज रहे चाँद पर,

धरती पर जीना नहीं आया है!

मणिपुर का करुण आर्तनाद सुन,

आज हिमालय थर्राया है!!

क्रोधित चट्टानें खिसक रही हैं

नदियों में उफान चढ़ आया है,

यमुना खोज रही कृष्ण को,

मथुरा तक पानी आया है!

चन्द्रयान भेज रहे चाँद पर,

धरती पर जीना नहीं आया है!!

इतने क्रूर और निर्दयी,

ये किन माओं के जाए हैं,

मानवता कर रही सवाल,

किसने इंसा को पशु बनाया है!

चन्द्रयान भेज रहे चाँद पर,

धरती पर जीना नहीं आया है!!

बाजार लुट रहे, बम फट रहे,

लोकतंत्र सकुचाया है,

क्रुद्ध प्रकृति रूठ गई है,

महाकाल गुस्साया है!

चन्द्रयान भेज रहे चाँद पर,

धरती पर जीना नहीं आया है!!

इक चिठ्ठी, प्यारे लखनऊ के नाम!

मेरे प्यारे शहर, तुझे प्यार भरा सलाम!!

प्यार तेरी गलियों, सड़कों को,

प्यार तेरे पार्कों, बगीचों को,

आँखों में है तेरी सुबह की ताजगी,

भूलेगी किसे भला अवध की शाम!

मेरे प्यारे शहर, तुझे प्यार भरा सलाम!!

तेरे सुबहों को वो कबूतरों की उड़ान,

तेरी शामों को वो पतंगों की उड़ान,

तेरी फिजाओं के अंदाज निराले,

निराले तेरे दुआ सलाम!!

मेरे प्यारे शहर, तुझे प्यार भरा सलाम!!

वो गुलमोहर छाई सड़कें,

फुलगुच्छे वो अमलतास के,

सदाबहार बोगेनविलिया,

और भी फूल पौधे तमाम!

मेरे प्यारे शहर, तुझे प्यार भर सलाम!!

सलीके तेरे नवाबों वाले,

नाजुक ख़यालात शायरों वाले,

रंगीले अमीनाबाद की भीड़ भरी दोपहर,

गंज की लम्बी रूमानी शाम!

मेरे प्यारे शहर, तुझे प्यार भरा सलाम!!

वो इमामबाड़ा, वो गोमती की धारा,

मेफेयर का मॉर्निंग अंग्रेजी शो,

मेडिकल कॉलेज के सुनहरे रुपहले दिन,

चौक में चिकन का भारी काम!

मेरे प्यारे शहर, तुझे प्यार भरा सलाम!!

मेडिकल कॉलेज के सुनहरे रुपहले दिन,

चौक में चिकन का भारी काम!

मेरे प्यारे शहर, तुझे प्यार भरा सलाम!!

मिठास भरी वो कड़क रेवड़ियां,

रुपहली, वर्क लगी मस्त गिलौरियां,

वो लस्सी कार्नर, वो चाट की दूकान,

वो मीठे अमरुद, वो लजीज आम!

मेरे प्यारे शहर, तुझे प्यार भरा सलाम!!

वक्त के साथ भी तूने कदम मिलाये,

सहेजे भी रखा अपनी संस्कृति को,

अजनबियों से भी तू मुस्कुरा के मिलता है,

भले ही वो इंसान ख़ास हो या आम!

मेरे प्यारे शहर, तुझे प्यार भरा सलाम!!

सलाम तेरी तहजीब को, सभ्यता को,

सलाम तेरी धर्मनिरपेक्षता को

खुशियां तेरी मिसाल के काबिल हैं,

ईद की नमाज हो या दिवाली की शाम!

मेरे प्यारे शहर, तुझे प्यार भरा सलाम!!

नया साल

नववर्ष

लो फिर इक बार धरती घूम आई!

अपनी धुरी पर नाचती लट्टू सी,

सूर्य के चहुँ ओर दौड़ती टट्टू सी,

पल भर को भी न किया विश्राम,

चलती रही निरंतर अविराम,

लो फिर इक बार धरती घूम आई!

कभी फागुन के फूल खिलाए,

कभी सावन की झड़ी लगाई,

कभी जेठ के ताप को सहती,

कभी पूस, माह में ठिठुराई!

लो फिर इक बार धरती घूम आई!

हथेली पर हिमालय से पर्वत सहेजे,

अंजुरी में नदियों के जल को समेटे,

खेत, वन, उपवन माथे पे सजाए,

सागर की बूंद भी न कहीं छलकाई,

लो फिर एक बार धरती घूम आई!

गाड़ी, मोटर, जहाज सब आगे बढ़ते रहे,

पंछी आसमानों में उड़ते रहे,

बाघ, हाथी, घोड़े सब साथ लिए,

मोर, मोरनी को भी परिक्रमा करा लाई,

लो फिर इक बार धरती घूम आई!

कभी थी ब्रह्माण्ड के इस दुर्गम छोर,

कभी पहुंची लाखों मील उस ओर,

इंसान क्षुद्र खेलों में उलझा रहा,

प्रभु की लीला उसे कहाँ समझ आई,

लो फिर इक बार धरती घूम आई!!

नया साल

नया साल कुछ ऐसा आए,

दुनिया में खुशहाली छाए!

खुली हवा में सांस ले सकी जिंदगी,

हंसकर फिर से जी सके जिंदगी,

गलियों, बाजारों में हों रौनके छाईं,

खुशियों की बज उठे शहनाई!

नया साल कुछ ऐसा आए,

दुनिया में खुशहाली छाए!

धरती पर न हो अब गमों का साया,

बेबस मानव बहुत अकुलाया,

न कभी चलें अब वुहानी हवाएं,

नववसंत खिले, चलें सुहानी हवाएं!

नया साल कुछ ऐसा आए,

दुनिया में खुशहाली छाए,

सखियों संग हंसी ठिठोली हो,

दुनिया फिर रंगरंगीली हो,

जीवन ऊर्जा का संचार हो अलबेला,
नई उमंगों का सजा हो मेला!
नया साल कुछ ऐसा आए,
दुनिया में खुशहाली छाए!

www.ingramcontent.com/pod-product-compliance
Lightning Source LLC
Chambersburg PA
CBHW040822120726
48005CB00012B/1487